KB159831

스스로

급수
한자

어휘력 잡고 자격증 따고

7급 · 익힘책

스쿨존에듀
SCHOOLZONE

스스로 급수한자 익힘책 7급

ISBN 979-11-92878-02-7 63700

초판 1쇄 펴낸날 2023년 1월 30일

펴낸이 정혜옥 ‖ 기획 컨텐츠연구소 수(秀)
표지디자인 book design **twoesdesign.com** ‖ 내지디자인 이지숙
마케팅 최문섭 ‖ 편집 연유나, 이은정

펴낸곳 스쿨존에듀
출판등록 2021년 3월 4일 제 2021-000013호
주소 04779 서울시 성동구 뚝섬로 1나길 5(헤이그라운드) 7층
전화 02)929-8153 ‖ 팩스 02)929-8164
E-mail **goodinfobooks@naver.com**

한자공부, 왜 필요할까요?

우리말에서 한자어가 차지하는 비중, 70%. 나머지는 순우리말과 외래어로 되어 있지요. 생각보다 많다고 느낄 거예요. 우리말에 녹아 있는 한자어를 쉽고 정확하게 이해하려면 한자공부는 불가피해요. 우리말을 더욱 올바르고 풍성하게 사용하기 위한 한자공부. 〈스스로 급수한자〉로 어렵지 않게 시작할 수 있어요.

☑ 한자능력검정시험의 급수에 맞추어 한자를 학습하게끔 구성되어 있어요.

☑ 한자 하나하나 알아가고 공부하는 익힘책

　　실제 시험 출제 유형과 같은 형태의 한자능력검정시험으로 꽉 채운 문제집

　　한자의 3요소(모양, 소리, 뜻)를 다양한 한자어와 함께 쓰면서 다지는 따라쓰기 책

　　총 3권으로 한 급수씩 완성할 수 있어요.

☑ 유치원생부터 시작할 수 있게 어린이들의 눈높이에 맞춘 예문

☑ 한자와 관련된 다양한 어휘의 반복 노출로 확실한 학습

☑ 한자의 기본인 부수를 익히고, 바르게 쓸 수 있도록 필순 제시

☑ 군더더기 없이, 지루하지 않게, 쓰기는 확실하게

'스스로 급수한자'로 단계적 학습과 어휘력, 자격증이라는 세 마리 토끼를 잡을 수 있답니다. 어휘력 만렙을 향한 우리 아이들의 도전을 응원합니다!

한자능력검정시험은?

사단법인 한국어문회에서 주관하고 한국한자능력검정회가 시행하는 한자활용능력시험을 말해요. 1992년 12월 9일 1회 시험을 시작으로 2001년 1월 1일 이후 국가 공인자격시험(3급Ⅱ~특급)으로 치러지고 있어요.

시험에 합격하면 학교 내신에 반영된답니다. 2000학년부터는 3급과 2급 합격자를 대상으로 일부 대학에서 특기자 전형 신입생을 선발하고 있어요.

시험 응시와 관련한 자세한 사항은 한국어문회 홈페이지(www.hanja.re.kr)를 참조하세요.

차례

家		九		內	
집 가		아홉 구		안 내	
間		國		女	
사이 간		나라 국		여자 녀(여)	
江		軍		年	
강 강		군사 군		해 년(연)	
車		金		農	
수레 거/차		쇠 금 / 성씨 김		농사 농	
空		記		答	
빌 공		기록할 기		대답 답	
工		氣		大	
장인 공		기운 기		큰 대	
教		南		道	
가르칠 교		남녘 남		길 도	
校		男		東	
학교 교		사내 남		동녘 동	

動		門		事	
움직일 동		문 문		일 사	
力		物		山	
힘 력(역)		물건 물		메/산 산	
六		民		三	
여섯 륙(육)		백성 민		석 삼	
立		方		上	
설 립(입)		모 방		윗 상	
萬		白		生	
일만 만		흰 백		날 생	
每		父		西	
매양 매		아버지 부		서녘 서	
名		北		先	
이름 명		북녘 북		먼저 선	
母		不		姓	
어머니 모		아닐 불/부		성 성	
木		四		世	
나무 목		넉 사		인간 세	

小		五		日	
작을 소		다섯 오		날 일	
水		午		自	
물 수		낮 오		스스로 자	
手		王		子	
손 수		임금 왕		아들 자	
時		外		長	
때 시		바깥 외		긴 장	
市		右		場	
저자 시		오른 우		마당 장	
食		月		電	
밥/먹을 식		달 월		번개 전	
室		二		前	
집 실		두 이		앞 전	
十		人		全	
열 십		사람 인		온전 전	
安		一		正	
편안 안		한 일		바를 정	

弟		八		話	
아우 제		여덟 팔		말씀 화	
足		平		活	
발 족		평평할 평		살 활	
左		下		孝	
왼 좌		아래 하		효도 효	
中		學		後	
가운데 중		배울 학		뒤 후	
直		韓			
곧을 직		나라/한국 한			
青		漢			
푸를 청		한수/한나라 한			
寸		海			
마디 촌		바다 해			
七		兄			
일곱 칠		형 형			
土		火			
흙 토		불 화			

心

*부수 心

총 4획 ' 心 心 心

心	心				
마음 심	마음 심				

높은 곳에서 中 [ ] 을 잃으면 떨어질 수 있어요. (中 : 가운데 중)

우리나라도 지진의 안전지대라고 安 [ ] 할 수 없어요. (安 : 편안 안)

있을 유

有

*부수 月

총 6획 一 ナ ナ 冇 有 有

有	有				
있을 유	있을 유				

나는 커서 [ ] 名 한 사람이 될 거예요. (名 : 이름 명)

어린이에게 [ ] 害 한 영상물은 조심해야 돼요. (害 : 해할 해)

1 다음 글의 □ 안에 있는 한자의 음(읽는 소리)을 쓰세요.

① 발야구를 배우다 보니 야구경기에 관 心 이 생겨요.

② 민규는 운동하기에 有 리한 체격이에요.

③ 동생은 호기 心 이 많아요.

2 다음 밑줄 친 말에 해당하는 한자를 〈보기〉에서 찾아 그 번호를 쓰세요.

보기   ① 有   ② 育   ③ 心   ④ 必

① 내일부터는 일찍 일어나야겠다고 마음먹었어요.

② 우리 반에 동생이 있는 친구는 5명입니다.

③ 엄마는 마음이 예쁜 사람이 되라고 하세요.

3 다음 한자의 진하게 표시한 획은 몇 번째 쓰는지 〈보기〉에서 찾아 그 번호를 쓰세요.

有

보기   ① 세 번째   ② 네 번째   ③ 다섯 번째

4 다시 한번 써 보세요.

心		
마음 심		

有		
있을 유		

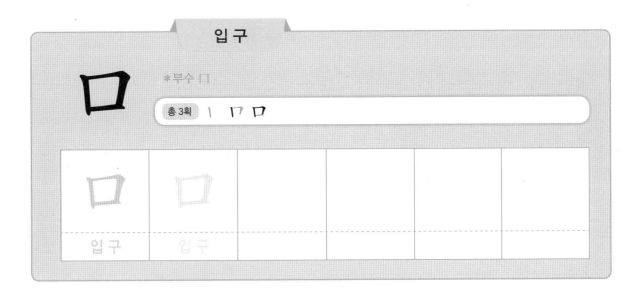

口

*부수 口

총 3획 丨 冂 口

口	口				
입 구	입 구				

우리 食 [ ] 는 모두 다섯 명입니다. (食 : 밥/먹을 식)

耳目 [ ] 鼻 가 또렷하면 잘생겼다고 해요. (耳 : 귀 이 / 目 : 눈 목 / 鼻 : 코 비)

面

*부수 面

총 9획 一 了 了 石 而 而 而 面 面

面	面				
낯 면	낯 면				

正 [ ] 에 큰 나무가 있어요. (正 : 바를 정)

호랑이 假 [ ] 을 쓰니 진짜 호랑이가 된 것 같아요. (假 : 거짓 가)

1 다음 글의 □ 안에 있는 한자의 음(읽는 소리)을 쓰세요.

❶ 현관 출입 口 에 아이들이 삼삼오오 모였어요.

❷ 다음주는 학부모 面 담 기간입니다.

❸ 오빠는 어떻게 넘어졌는지 面 상이 엉망이 되어 들어왔어요.

2 다음 밑줄 친 말에 해당하는 한자를 〈보기〉에서 찾아 그 번호를 쓰세요.

보기   ① 面   ② 百   ③ 口   ④ 田

❶ 마음도 얼굴도 예쁜 내 짝꿍이 참 좋아요.

❷ 발표시간이 다가오니 낯이 빨개졌어요.

❸ 떡볶이를 보자 저절로 입안에 침이 고였어요.

3 다음 한자의 진하게 표시한 획은 몇 번째 쓰는지 〈보기〉에서 찾아 그 번호를 쓰세요.

面

보기   ① 여섯 번째   ② 일곱 번째   ③ 여덟 번째

4 다시 한번 써 보세요.

口		
입 구		

面		
낯 면		

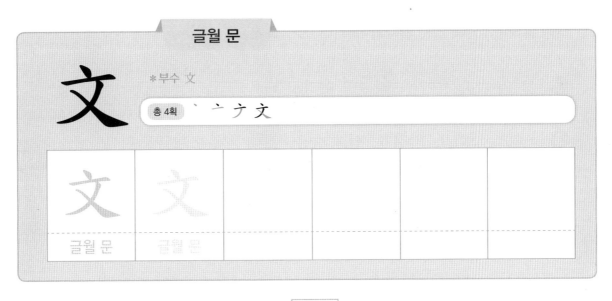

글월 문

文

*부수 文

총 4획 ` ㅗ ナ 文

文	文				
글월 문	글월 문				

조선왕릉은 유네스코가 지정한 세계 ☐ 化유산입니다. (化 : 될 화)

글자가 발명되면서 ☐ 明도 발달하였습니다. (明 : 밝을 명)

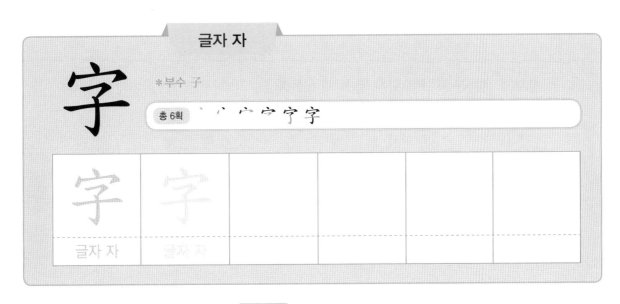

글자 자

字

*부수 子

총 6획 ` ` 宀 宁 字 字

字	字				
글자 자	글자 자				

할머니에게 핸드폰으로 文 ☐ 보내는 방법을 알려드렸어요. (文 : 글월 문)

우리는 지금 漢 ☐ 를 공부하고 있어요. (漢 : 한수/한나라 한)

1 다음 글의 □ 안에 있는 한자의 음(읽는 소리)을 쓰세요.

❶ 글자와 글자 사이를 **字** 간이라고 해요.

☐

❷ 물음표, 느낌표, 마침표, 쉼표 등을 **文** 장부호라고 합니다.

☐

2 다음 밑줄 친 말에 해당하는 한자를 〈보기〉에서 찾아 그 번호를 쓰세요.

> 보기   ① 子   ② 字   ③ 文   ④ 父

❶ 틀린 글자가 없는 것 같은데….

❷ 책을 읽고 느낀 점을 글로 써 보아요.

❸ 문장과 문장이 모여 문단을 이룹니다.

3 다음 한자의 진하게 표시한 획은 몇 번째 쓰는지 〈보기〉에서 찾아 그 번호를 쓰세요.

文

> 보기   ① 두 번째   ② 세 번째   ③ 네 번째

4 다시 한번 써 보세요.

文		
글월 문		

字		
글자 자		

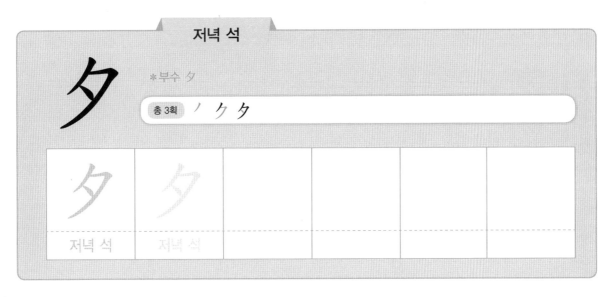

夕 *부수 夕

총 3획 ノ ク 夕

夕	夕				
저녁 석	저녁 석				

秋 ☐ 은 우리나라 명절의 하나로 한가위라고도 해요. (秋 : 가을 추)

병원에서는 조식, 중식, ☐ 食이 시간 맞춰 나와요. (食 : 밥/먹을 식)

色 *부수 色

총 6획 ノ ⺈ ⺈ 牟 乸 色

色	色				
빛 색	빛 색				

열 사람이면 열 사람의 사람됨이 제각기 다르다는 뜻의 十人十 ☐

(十 : 열 십 / 人 : 사람 인)

봄이 되자 形形 ☐ ☐ 의 예쁜 꽃들이 피었어요. (形 : 모양 형)

1 다음 글의 □ 안에 있는 한자의 음(읽는 소리)을 쓰세요.

❶ 夕 양빛이 호수를 비추며 장관을 만들었습니다.

❷ 色 칠놀이는 재밌어요.

❸ 언니는 머리카락을 예쁘게 염 色 하고 싶어해요.

2 다음 밑줄 친 말에 해당하는 한자를 〈보기〉에서 찾아 그 번호를 쓰세요.

보기 ① 色 ② 邑 ③ 外 ④ 夕

❶ 저녁이 되면 가로등에 불이 들어와요.

❷ 너무 창피해서 얼굴빛이 홍당무처럼 붉어졌어요.

❸ 빛깔 고운 한복이 엄마에게 잘 어울렸습니다.

3 다음 한자의 진하게 표시한 획은 몇 번째 쓰는지 〈보기〉에서 찾아 그 번호를 쓰세요.

色

보기 ① 세 번째 ② 네 번째 ③ 다섯 번째

4 다시 한번 써 보세요.

夕		
저녁 석		

色		
빛 색		

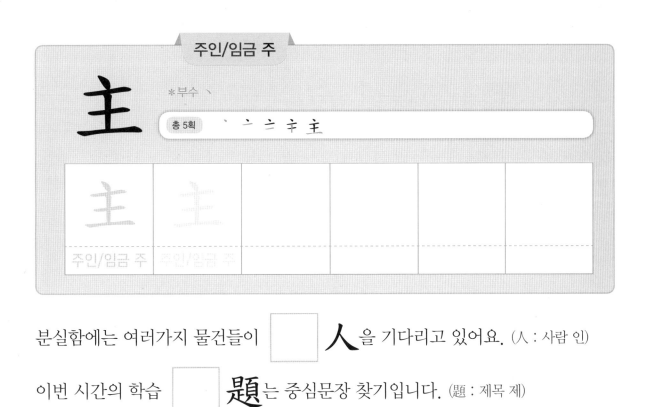

주인/임금 주

主

*부수 丶

총 5획 　丶　亠　二　主　主

主	主				
주인/임금 주	주인/임금 주				

분실함에는 여러가지 물건들이 [　] 人을 기다리고 있어요. (人 : 사람 인)

이번 시간의 학습 [　] 題는 중심문장 찾기입니다. (題 : 제목 제)

올 래(내)

來

*부수 人

총 8획 　一　厂　厂　厃　厏　帇　來　來

來	來				
올 래(내)	올 래(내)				

어릴적 엄마가 읽어주는 傳 [　] 동화가 정말 좋았어요. (傳 : 전할 전)

[　] 日은 손꼽아 기다리던 캠핑을 가는 날이에요. (日 : 날 일)

1 다음 글의 ☐ 안에 있는 한자의 음(읽는 소리)을 쓰세요.

❶ 서로 **主** 인공을 하겠다며 작은 다툼이 있었어요.

❷ 나의 장 **來** 희망은 '도서관 선생님'이에요.

❸ **來** 년이면 3학년이 되어요.

2 다음 밑줄 친 말에 해당하는 한자를 〈보기〉에서 찾아 그 번호를 쓰세요.

> 보기   ① 住   ② 來   ③ 主   ④ 木

❶ 주인 잃은 강아지가 비를 맞고 있어요.

❷ 우리 가족의 화합에 내가 주된 역할을 합니다.

❸ 오늘 전학 오는 친구는 두 명이에요.

3 다음 한자의 진하게 표시한 획은 몇 번째 쓰는지 〈보기〉에서 찾아 그 번호를 쓰세요.

來

> 보기   ① 두 번째   ② 네 번째   ③ 여섯 번째

4 다시 한번 써 보세요.

主		
주인/임금 주		

來		
올 래(내)		

✏️ 빈 칸에 알맞은 한자어를 보기에서 찾아 쓰세요.

운동장에 [   ] 없는 자전거가 며칠 동안 버려져 있어요.

[   ] 은 미술대회가 있는 날이에요.

한자는 뜻을 나타내는 [   ] 입니다.

오빠는 [   ] 한 배우가 되고 싶대요.

> 보기   來日   有名   主人   文字

✏️ 달팽이 집에 써 있는 한자의 훈 · 음을 찾아 바르게 연결하세요.

心 ·   · 저녁 석

色 ·   · 낮 면

夕 ·   · 마음 심

面 ·   · 빛 색

✏️ 한자를 다시 한번 써 보세요.

心		
마음 심		

有		
있을 유		

口		
입 구		

面		
낯 면		

文		
글월 문		

字		
글자 자		

夕		
저녁 석		

色		
빛 색		

主		
주인/임금 주		

來		
올 래(내)		

날 출

出

*부수 凵

총 5획 　丨　屮　屮　出　出

出	出				
날 출	날 출				

엄마와의 **外**▢은 항상 설레요. (外 : 바깥 외)

동생이 태어나자 아빠는 ▢**生申告**를 하셨어요.

(生 : 날 생 / 申 : 거듭 신 / 告 : 고할 고)

들 입

入

*부수 入

총 2획 　丿　入

入	入				
들 입	들 입				

초등학교에 ▢**學**하던 게 엊그제 같습니다. (學 : 배울 학)

비가 오면 현관 ▢**口**에 우산꽂이가 등장해요. (口 : 입 구)

1 다음 글의 □ 안에 있는 한자의 음(읽는 소리)을 쓰세요.

❶ 선생님의 **出** 석 확인에 큰 소리로 대답했어요.

❷ 회원가 **入** 을 해야 도서관 사이트를 이용할 수 있어요.

❸ **出** 발시간이 다가오자 아이들이 버스에 타기 시작했어요.

2 다음 밑줄 친 말에 해당하는 한자를 〈보기〉에서 찾아 그 번호를 쓰세요.

보기　　　① 人　　　② 出　　　③ 入　　　④ 王

❶ 올해 유치원에 들어간 동생이 제법 의젓해졌어요.

❷ 비가 많이 오니 되도록 밖에 나가지 맙시다.

3 다음 한자의 진하게 표시한 획은 몇 번째 쓰는지 〈보기〉에서 찾아 그 번호를 쓰세요.

出

보기　　　① 두 번째　　② 세 번째　　③ 네 번째

4 다시 한번 써 보세요.

出		
날 출		

入		
들 입		

한가지 동

同 *부수 口

총6획 丨 冂 冃 同 同 同

同	同				
한가지 동	한가지 동				

나도 ☐ **生**이 있으면 좋겠어요. (生 : 날 생)

자리에서 일어남과 ☐ **時**에 방귀가 나왔어요. (時 : 때 시)

적을 소

少 *부수 小

총4획 亅 小 小 少

少	少				
적을 소	적을 소				

☐ **年**은 ☐ **女**의 웃음에 마음이 풀렸습니다. (年 : 해 년 / 女 : 여자 녀)

중학생인 오빠는 **青** ☐ **年**이에요. (青 : 푸를 청 / 年 : 해 년)

1 다음 글의 □ 안에 있는 한자의 음(읽는 소리)을 쓰세요.

❶ 우리 가족은 少 액이지만 결식아동을 돕고 있어요.

❷ 두 팀이 공 同 우승을 했어요.

2 다음 밑줄 친 말에 해당하는 한자를 〈보기〉에서 찾아 그 번호를 쓰세요.

> 보기 ① 小   ② 少   ③ 洞   ④ 同

❶ 어두워지자 아이들은 하나같이 집으로 돌아갔어요.

❷ 같은 동네에 사는 우리는 금방 친해졌어요.

❸ 우리 반은 여학생이 남학생보다 적어요.

3 다음 한자의 진하게 표시한 획은 몇 번째 쓰는지 〈보기〉에서 찾아 그 번호를 쓰세요.

同

> 보기 ① 세 번째   ② 네 번째   ③ 다섯 번째

4 다시 한번 써 보세요.

同		
한가지 동		

少		
적을 소		

일백 백

百

*부수 白

총 6획 一 丆 丆 百 百 百

百	百				
일백 백	일백 백				

동생의 ☐ 日을 기념하기 위해 사진을 찍었어요. (日 : 날 일)

병을 치료하기 위해 ☐ 方으로 노력했습니다. (方 : 모 방)

일천 천

千

*부수 十

총 3획 丿 二 千

千	千				
일천 천	일천 천				

네 살에 ☐ 字文을 뗀 신동 (字 : 글자 자 / 文 : 글월 문)

☐ 萬多幸으로 아무도 다치지 않았습니다.

(萬 : 일만 만 / 多 : 많을 다 / 幸 : 다행 행)

공부한 날짜 ______月 ______日

1 다음 글의 □ 안에 있는 한자의 음(읽는 소리)을 쓰세요.

❶ 수많은 정보를 담고 있는 百 과사전

❷ 千 년 고찰은 종교와 상관없이 누구나 찾아갈 수 있는

휴식공간이에요.

2 다음 밑줄 친 말에 해당하는 한자를 〈보기〉에서 찾아 그 번호를 쓰세요.

> 보기　　①白　　②百　　③千　　④午

❶ 모든 물건이 모여 있는 마트 _____

❷ 백이 열이면 천이에요. _____ , _____

❸ 천 리 길도 한 걸음부터 _____

3 다음 한자의 진하게 표시한 획은 몇 번째 쓰는지 〈보기〉에서 찾아 그 번호를 쓰세요.

百

> 보기　　① 두 번째　　② 세 번째　　③ 네 번째

_____

4 다시 한번 써 보세요.

百		
일백 백		

千		
일천 천		

봄 춘

春 *부수 日

총 9획 一 二 三 夫 夫 夫 春 春 春

春	春				
봄 춘	봄 춘				

어른의 나이를 높여서 말할 때 ☐ 秋 라고 해요. (秋 : 가을 추)

立 ☐ 이 지나면 날씨가 따뜻해져요. (立 : 설 립/입)

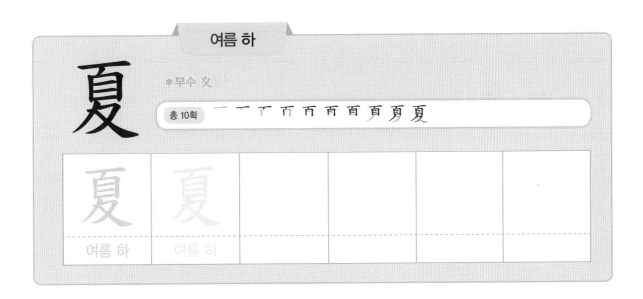

여름 하

夏 *부수 夊

총 10획 一 一 一 一 万 百 百 百 夏 夏

夏	夏				
여름 하	여름 하				

누나는 ☐ 服 을 입고 학교에 갔어요. (服 : 옷 복)

☐ 季 올림픽은 4년에 한 번 여름철에 열립니다. (季 : 계절 계)

1 다음 글의 □ 안에 있는 한자의 음(읽는 소리)을 쓰세요.

❶ 일년 중 낮이 가장 길고 밤이 가장 짧은 날을 夏 지라고 해요. □

❷ 春 夏 추동은 봄, 여름, 가을, 겨울이에요. □ □

2 다음 밑줄 친 말에 해당하는 한자를 〈보기〉에서 찾아 그 번호를 쓰세요.

보기 　　① 夏　　② 見　　③ 秋　　④ 春

❶ 봄이 되니 새싹이 파릇파릇 올라와요. _____

❷ 여름철 식중독을 조심해야 합니다. _____

❸ 올 여름은 유난히 더웠어요. _____

3 다음 한자의 진하게 표시한 획은 몇 번째 쓰는지 〈보기〉에서 찾아 그 번호를 쓰세요.

夏

보기 　① 세 번째　　② 네 번째　　③ 다섯 번째

_____

4 다시 한번 써 보세요.

春		
봄 춘		

夏		
여름 하		

秋

*부수 禾

총 9획　丿 二 千 手 禾 禾 禾 秒 秋

秋	秋				
가을 추	가을 추				

송편을 먹는 명절 한가위는 [　] 夕 이라고도 해요. (夕 : 저녁 석)

春 [　] 服은 봄, 가을에 입는 옷을 말해요. (春 : 봄 춘 / 服 : 옷 복)

冬

*부수 冫

총 5획　丿 夂 夂 冬 冬

冬	冬				
겨울 동	겨울 동				

개구리, 곰 등은 겨울잠, 즉 [　] 眠을 해요. (眠 : 잘 면)

날이 갈수록 [　] 將軍이 기승을 부려요. (將 : 장수 장 / 軍 : 군사 군)

1 다음 글의 □ 안에 있는 한자의 음(읽는 소리)을 쓰세요.

① 일년 중 밤이 가장 길고 낮이 가장 짧은 날을 冬 지라고 해요. ☐

② 2018년 우리나라에서 평창 冬 계 올림픽이 열렸습니다. ☐

③ 가을이 되면 농촌에 秋 수하는 일손이 부족하대요. ☐

2 다음 밑줄 친 말에 해당하는 한자를 〈보기〉에서 찾아 그 번호를 쓰세요.

> 보기　　①春　　②夏　　③秋　　④冬

① 겨울을 준비하기 위해 다람쥐는 도토리를 부지런히 모았어요. ＿＿＿＿

② 단풍이 예쁜 계절, 가을 ＿＿＿＿

③ 겨울 방학에는 스노우보드를 타러 갈 거예요. ＿＿＿＿

3 다음 한자의 진하게 표시한 획은 몇 번째 쓰는지 〈보기〉에서 찾아 그 번호를 쓰세요.

秋

> 보기　① 여섯 번째　② 일곱 번째　③ 여덟 번째

4 다시 한번 써 보세요.

秋		
가을 추		

冬		
겨울 동		

✏️ 다음 색이 있는 구절의 뜻에 맞는 한자어를 보기에서 골라 쓰세요.

우리나라는 봄여름가을겨울이 뚜렷해요. · · · · [　　]

엘리베이터 출입구에는 기대면 안 돼요. · · · · [　　]

백 마디 말보다 한 번의 실천 · · · · [　　]

천 길 물속은 알아도 한 길 사람 속은 모른다. · · · · [　　]

보기　　千　　出入口　　百　　春夏秋冬

✏️ 빈 칸에 알맞은 한자를 보기에서 찾아 써 보세요.

[　] 季　　　　　[　] 夕

[　] 時　　　　　外 [　]

男 女 老 [　]

(季: 계절 계 / 夕: 저녁 석 / 時 : 때 시 / 外 : 바깥 외 / 老 : 늙을 로(노))

보기　　四　　少　　出　　秋　　同

✏️ 한자를 다시 한번 써 보세요.

出		
날 출		

入		
들 입		

同		
한가지 동		

少		
적을 소		

百		
일백 백		

千		
일천 천		

春		
봄 춘		

夏		
여름 하		

秋		
가을 추		

冬		
겨울 동		

살 주

住 *부수 人

총 7획 ノ イ イ 仁 住 住 住

住	住				
살 주	살 주				

우리집 [　] 所를 기억해야 해요. (所 : 바 소)

사람이 살아가는 데 기본적으로 필요한 衣食 [　] (衣 : 옷 의 / 食 : 밥/먹을 식)

바 소

所 *부수 戶

총 8획 ´ ´ ´ ´ ´ ´ 所 所

所	所				
바 소	바 소				

설악산의 경치는 아름답다고 [　] 聞나 있어요. (聞 : 들을 문)

서둘렀더니 약속 場 [　] 에 너무 빨리 도착했어요. (場 : 마당 장)

1 다음 글의 □ 안에 있는 한자의 음(읽는 소리)을 쓰세요.

❶ 하와이 원 **住** 민의 민속춤이 신기했어요.

❷ 할머니의 **所** 원은 가족 모두의 건강입니다.

2 다음 밑줄 친 말에 해당하는 한자를 〈보기〉에서 찾아 그 번호를 쓰세요.

> 보기　　　① 主　　　② 住　　　③ 所　　　④ 斤

❶ 나는 태어나서 지금까지 이 집에서 살고 있어요.

❷ 어찌할 바를 모르고 있는 모습이 의심스러웠어요.

❸ 모이는 곳이 집에서 가까웠어요.

3 다음 한자의 진하게 표시한 획은 몇 번째 쓰는지 〈보기〉에서 찾아 그 번호를 쓰세요.

所

> 보기　① 다섯 번째　　② 여섯 번째　　③ 일곱 번째

4 다시 한번 써 보세요.

住		
살 주		

所		
바 소		

里 　 *부수 里

총 7획 　 丨 口 曰 日 日 里 里

里	里				
마을 리	마을 리				

세계에서 가장 긴 인공 건축물, 萬 ☐ 長城

(萬 : 일만 만 / 長 : 긴 장 / 城 : 성 성)

나를 버리고 가시는 님은 十 ☐ 도 못 가서 발병난다~ (十 : 열 십)

골 동 / 밝을 통

洞 　 *부수 氵

총 9획 　 丶 丶 氵 氵 汩 汩 洞 洞 洞

洞	洞				
골동/밝을통	골동/밝을통				

☐ 窟 에서 나온 곰은 먹을거리를 찾기 시작했어요. (窟 : 굴 굴)

앞을 내다보는 ☐ 察力 이 뛰어나요. (察 : 살필 찰 / 力 : 힘 력)

1 다음 글의 □ 안에 있는 한자의 음(읽는 소리)을 쓰세요.

① 우리 洞 네에는 공원이 많습니다.

② 거리를 나타내는 단위인 1 里 는 약 4km입니다.

③ 우리나라의 남쪽 끝에서 북쪽 끝까지가 약 삼천 里 예요.

2 다음 밑줄 친 말에 해당하는 한자를 〈보기〉에서 찾아 그 번호를 쓰세요.

보기   ① 理   ② 同   ③ 里   ④ 洞

① 할머니는 고향에서 살고 싶다 하세요.

② 지리산은 골이 깊어 길을 잃기 쉽대요.

③ 이 물은 골짜기를 흘러 마을로 들어옵니다.

3 다음 한자의 진하게 표시한 획은 몇 번째 쓰는지 〈보기〉에서 찾아 그 번호를 쓰세요.

洞

보기   ① 다섯 번째   ② 여섯 번째   ③ 일곱 번째

4 다시 한번 써 보세요.

里		
마을 리		

洞		
골 동/밝을 통		

고을 읍

邑 *부수 邑

총7획 丨 丨 口 口 무 무 뮤 邑

邑	邑				
고을 읍	고을 읍				

장날에는 [　]內가 사람들로 북적여요. (內 : 안 내)

한 나라의 서울인 곳을 都[　]地라고 합니다. (都 : 도읍 도 / 地 : 땅 지)

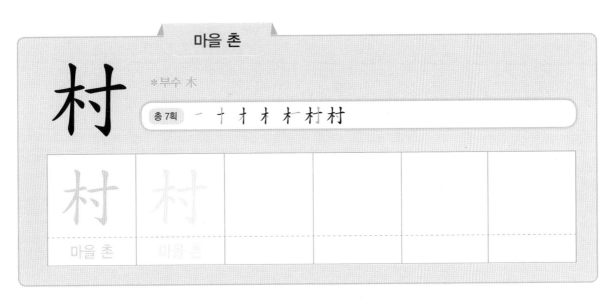

마을 촌

村 *부수 木

총7획 一 十 十 才 木 村 村

村	村				
마을 촌	마을 촌				

바닷가에 있는 마을을 漁[　]이라고 해요. (漁 : 고기잡을 어)

시골의 마을을 [　]落이라고도 합니다. (落 : 떨어질 락)

1 다음 글의 □ 안에 있는 한자의 음(읽는 소리)을 쓰세요.

❶ 인터넷은 전 세계를 지구 村 으로 더욱 가깝게 연결했어요.

❷ 한양은 조선의 도 邑 지였어요.

❸ 그곳은 村 장의 허락이 있어야 들어갈 수 있어요.

2 다음 밑줄 친 말에 해당하는 한자를 〈보기〉에서 찾아 그 번호를 쓰세요.

> 보기   ① 邑   ② 色   ③ 村   ④ 林

❶ 옛날 어느 고을에 어여쁘고 착한 마음씨의 소녀가 살고 있었어요.

❷ 마을 버스가 10분 간격으로 옵니다.

❸ 시골에서 맑은 공기와 자연을 느껴 보아요.

3 다음 한자의 진하게 표시한 획은 몇 번째 쓰는지 〈보기〉에서 찾아 그 번호를 쓰세요.

邑

> 보기   ① 다섯 번째   ② 여섯 번째   ③ 일곱 번째

4 다시 한번 써 보세요.

邑		
고을 읍		

村		
마을 촌		

지아비 부

夫 *부수 大

총 4획 一 二 キ 夫

夫	夫				
지아비 부	지아비 부				

할아버지는 평생 논을 가꾸신 農[ ] 십니다. (農 : 농사 농)

두 사람이 싸우는 사이에 엉뚱한 사람이 이익을 얻게 된다는 漁[ ] 之

利 (漁 : 고기잡을 어 / 之 : 갈 지 / 利 : 이로울 리)

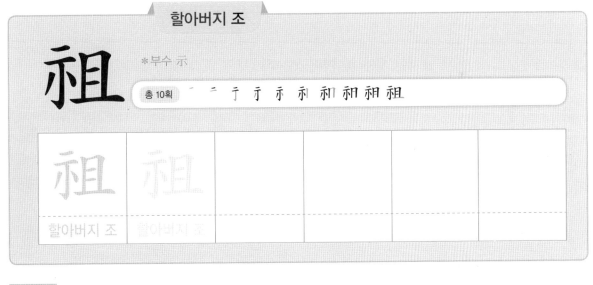

할아버지 조

祖 *부수 示

총 10획 一 二 亍 亍 示 利 利 祠 祠 祖

祖	祖				
할아버지 조	할아버지 조				

[ ] 父母 와 함께 사는 확대 가족 (父 : 아버지 부 / 母 : 어머니 모)

[ ] 國 의 독립을 위해 애쓰신 독립열사들이 많습니다. (國 : 나라 국)

1 다음 글의 □ 안에 있는 한자의 음(읽는 소리)을 쓰세요.

1 지금은 공 **夫** 가 하기 싫어요.

2 우리의 문화유산에는 선 **祖** 들의 지혜가 담겨 있습니다.

2 다음 밑줄 친 말에 해당하는 한자를 〈보기〉에서 찾아 그 번호를 쓰세요.

> 보기   ① 祖   ② 朝   ③ 夫   ④ 天

1 <u>서방</u>은 남편을 낮추어 부르는 말이에요.

2 <u>할아버지</u>는 아직도 가끔 아버지에게 호통을 치십니다.

3 차례는 <u>조상</u>을 섬기는 우리 문화의 하나입니다.

3 다음 한자의 진하게 표시한 획은 몇 번째 쓰는지 〈보기〉에서 찾아 그 번호를 쓰세요.

夫

> 보기   ① 첫 번째   ② 두 번째   ③ 세 번째

4 다시 한번 써 보세요.

夫		
지아비 부		

祖		
할아버지 조		

늙을 로(노)

老

*부수 老

총 6획 　一 十 土 耂 耂 老

老	老				
늙을 로(노)	늙을 로(노)				

男女 ☐ 少 할 것 없이 모두 모여요. (男 : 사내 남 / 女 : 여자 녀 / 少 : 적을 소)

진시황은 不 ☐ 草 를 구하기 위해 곳곳에 사람을 보냈어요.

(不 : 아닐 불 / 草 : 풀 초)

목숨 명

命

*부수 口

총 8획 　丿 人 人 个 合 合 命 命

命	命				
목숨 명	목숨 명				

生 ☐ 에는 지장이 없다는 말에 모두 안도했어요. (生 : 날 생)

의학의 발달은 인간의 壽 ☐ 을 길어지게 했어요. (壽 : 목숨 수)

1 다음 글의 □ 안에 있는 한자의 음(읽는 소리)을 쓰세요.

❶ 주어진 일을 잘 해내고 싶은 마음, 사 **命** 감

❷ 군대에서는 **命** 령에 복종해야 한대요.

❸ 지하철에는 **老** 약자석과 임산부 배려석이 따로 있어요.

2 다음 밑줄 친 말에 해당하는 한자를 〈보기〉에서 찾아 그 번호를 쓰세요.

보기   ① 命   ② 合   ③ 老   ④ 孝

❶ 안전벨트는 우리의 생명을 지키는 최소한의 장치예요.

❷ 우리 할머니는 늙어 보이는 걸 싫어하세요.

❸ 그들은 목숨만 살려달라 빌었어요.

3 다음 한자의 진하게 표시한 획은 몇 번째 쓰는지 〈보기〉에서 찾아 그 번호를 쓰세요.

命

보기   ① 여섯 번째   ② 일곱 번째   ③ 여덟 번째

4 다시 한번 써 보세요.

老		
늙을 로(노)		

命		
목숨 명		

✏️ 다음 색이 있는 글에 해당하는 한자를 찾아 바르게 연결하세요.

나는 넓은 마당이 있는 집에서 살고 싶어요. •

소녀는 노인의 앞을 가로막았습니다. •

이번 방학에는 시골 할머니 댁에 갈 거예요. •

• 住

• 村

• 老

✏️ 다음 빈 칸에 들어갈 알맞은 한자를 보기에서 골라 써 넣으세요.

萬 ☐ → 아주 먼 거리

☐ 長 ↓ 우리 마을 '리'를 대표해 일을 맡아보는 사람

場 ☐ ↓ 어떤 일이 이루어지거나 일어나는 곳

☐ 有 → 가지고 있음

農 ☐ ↓ 농사짓는 일을 직업 으로 삼은 사람

工 ☐ → 학문이나 기술을 배우고 익힘

人 ☐ → 사람의 목숨

☐ 中 ↓ 화살이나 총알이 겨냥한 곳에 바로 맞음

보기   里   夫   命   所

住		
살 주		

所		
바 소		

里		
마을 리		

洞		
골 동 / 밝을 통		

邑		
고을 읍		

村		
마을 촌		

夫		
지아비 부		

祖		
할아버지 조		

老		
늙을 로(노)		

命		
목숨 명		

하늘 천

天   *부수 大

총 4획   ⺀ 二 チ 天

天	天				
하늘 천	하늘 천				

내 친구 지훈이는 수학 ☐ 才 예요. (才 : 재주 재)

☐ 地 가 하얀 눈으로 덮였어요. (地 : 땅 지)

땅 지

地   *부수 土

총 6획   一 十 ナ 圠 坩 地

地	地				
땅 지	땅 지				

우리나라 최초의 전국 ☐ 圖 는 김정호의 '대동여지도' (圖 : 그림 도)

발해의 中心 ☐ 는 만주 동부지역이었어요. (中 : 가운데 중 / 心 : 마음 심)

1 다음 글의 □ 안에 있는 한자의 음(읽는 소리)을 쓰세요.

❶ 일본은 **地** 형상 **地** 진이 자주 일어납니다.

❷ 올빼미는 우리나라 **天** 연기념물로 보호받고 있어요.

2 다음 밑줄 친 말에 해당하는 한자를 〈보기〉에서 찾아 그 번호를 쓰세요.

> 보기   ① 天   ② 大   ③ 地   ④ 池

❶ 하늘은 스스로 돕는 자를 돕는다.

❷ 밤하늘에 별들이 쏟아질 것처럼 반짝였어요.

❸ 비온 뒤에 땅이 굳는다.

3 다음 한자의 진하게 표시한 획은 몇 번째 쓰는지 〈보기〉에서 찾아 그 번호를 쓰세요.

地

> 보기   ① 네 번째   ② 다섯 번째   ③ 여섯 번째

4 다시 한번 써 보세요.

天		
하늘 천		

地		
땅 지		

내 천

川 *부수 川

총 3획　 丿 丿丨 川

川	川				
내 천	내 천				

밤새 내린 비로 河 ☐ 이 넘쳤어요. (河 : 강 하)

봄이 오는 요맘때 진달래가 山 ☐ 에 활짝 펴요. (山 : 메/산 산)

수풀 림(임)

林 *부수 木

총 8획　 一 十 才 木 木 杧 桃 林

林	林				
수풀 림(임)	수풀 림(임)				

숲에 가서 山 ☐ 浴 을 해요. (山 : 메/산 산 / 浴 : 목욕할 욕)

☐ 野 는 숲과 들을 함께 부르는 말이에요. (野 : 들 야)

1 다음 글의 □ 안에 있는 한자의 음(읽는 소리)을 쓰세요.

① 청계 川 은 서울의 관광 명소가 되었어요.

② 아마존 밀 林 은 산소 배출량이 엄청나게 많아 지구의

허파라고 불려요.

2 다음 밑줄 친 말에 해당하는 한자를 〈보기〉에서 찾아 그 번호를 쓰세요.

> 보기　　①林　　②木　　③三　　④川

① 오늘은 숲으로 체험학습을 가요.

② 여름이 오면 냇가에서 신나게 물장난을 칠 거예요.

③ 강보다 작은 물줄기를 내라고 합니다.

3 다음 한자의 진하게 표시한 획은 몇 번째 쓰는지 〈보기〉에서 찾아 그 번호를 쓰세요.

林

> 보기　①다섯 번째　②여섯 번째　③일곱 번째

4 다시 한번 써 보세요.

川		
내 천		

林		
수풀 림(임)		

草

*부수 艹

총 10획 　一　十　艹　艹　花　花　芎　苩　苩　草

草	草				
풀 초	풀 초				

아프리카 세렝게티 ☐ 原은 '끝없는 평야'라는 뜻이래요. (原 : 언덕 원)

말, 소, 양 등은 ☐ 食動物 (食 : 밥/먹을 식 / 動 : 움직일 동 / 物 : 물건 물)

花

*부수 艹

총 8획 　一　十　艹　艹　艿　花　花

花	花				
꽃 화	꽃 화				

이번 주 ☐ 草에 물 주는 담당은 지호예요. (草 : 풀 초)

우리나라 國 ☐ 는 無窮 ☐ (國 : 나라 국 / 無 : 없을 무 / 窮 : 다할 궁)

1 다음 글의 □ 안에 있는 한자의 음(읽는 소리)을 쓰세요.

❶ 잡 草 를 제때 뽑아주지 않으면 농작물이 잘 자라지 못해요.

❷ 우리 학교 花 단에는 각종 꽃들이 모여 있어요.

2 다음 밑줄 친 말에 해당하는 한자를 〈보기〉에서 찾아 그 번호를 쓰세요.

> 보기　　　 ① 化　　　 ② 草　　　 ③ 花　　　 ④ 무

❶ 비가 온 뒤로 풀이 더 무성하게 자랐어요.

❷ 할머니는 우릴 보면 꽃 같다고 하세요.

❸ 이번 봄에는 꽃이 일찍 피었어요.

3 다음 한자의 진하게 표시한 획은 몇 번째 쓰는지 〈보기〉에서 찾아 그 번호를 쓰세요.

花

> 보기　　① 여섯 번째　　② 일곱 번째　　③ 여덟 번째

4 다시 한번 써 보세요.

草		
풀 초		

花		
꽃 화		

育

*부수 月(肉)

총 8획 　一　亠　云　产　产　育　育　育

育	育				
기를 육	기를 육				

내가 제일 좋아하는 體 ☐ 시간이 되었어요. (體 : 몸 체)

엄마는 ☐ 兒에 전념하기 위해 일을 그만두셨대요. (兒 : 아이 아)

심을 식

植

*부수 木

총 12획 　一　十　才　木　木　木'　术'　柿　柿　植　植　植

植	植				
심을 식	심을 식				

☐ 木日 은 나무를 심는 날이에요. (木 : 나무 목 / 日 : 날 일)

오늘 다녀온 ☐ 物園 에는 커다란 바오밥나무가 있었어요.

(物 : 물건 물 / 園 : 동산 원)

1 다음 글의 ☐ 안에 있는 한자의 음(읽는 소리)을 쓰세요.

❶ 1910년, 일본이 우리나라의 국권을 강제로 빼앗고

植 민지로 만들어 버렸어요.

❷ 오늘은 학교폭력 예방교 育 이 있었어요.

2 다음 밑줄 친 말에 해당하는 한자를 〈보기〉에서 찾아 그 번호를 쓰세요.

보기　　　① 育　　　② 兒　　　③ 直　　　④ 植

❶ 우리집은 강아지를 <u>기르고</u> 있어요.

❷ 저를 낳으시고 <u>키워주신</u> 부모님께 감사해요.

❸ 식목일을 맞아 나무 <u>심는</u> 행사에 참여했어요.

3 다음 한자의 진하게 표시한 획은 몇 번째 쓰는지 〈보기〉에서 찾아 그 번호를 쓰세요.

育

보기　　① 두 번째　　② 세 번째　　③ 네 번째

4 다시 한번 써 보세요.

育		
기를 육		

植		
심을 식		

쉴 휴

休 *부수 人

총 6획 ノ イ 仁 什 什 休

休	休				
쉴 휴	쉴 휴				

갑작스런 폭설로 학교들이 모두 [ ]校에 들어갔습니다. (校 : 학교 교)

우리 가족은 [ ]日 이면 도서관에 가요. (日 : 날 일)

그럴 연

然 *부수 灬(火)

총 12획 ノ ク ク 夕 夕 夕 肰 狋 狋 肰 然 然

然	然				
그럴 연	그럴 연				

自[ ] 보호는 우리의 미래를 위한 중요한 일이에요. (自 : 스스로 자)

잘못을 했으면 사과를 하는 게 當[ ]해요. (當 : 마땅 당)

1 다음 글의 □ 안에 있는 한자의 음(읽는 소리)을 쓰세요.

❶ 아빠의 **休** 가에 맞춰 가족여행을 다녀왔습니다.

❷ 지나가던 길에 우 **然** 히 친구를 만났어요.

❸ 고속도로 **休** 게소에 들러 소떡소떡을 먹었어요.

2 다음 밑줄 친 말에 해당하는 한자를 〈보기〉에서 찾아 그 번호를 쓰세요.

> 보기　　① 然　　② 無　　③ 林　　④ 休

❶ 쉬는 시간에 화장실도 다녀오고 다음 수업을 준비하기도 해요.

❷ 어제도 날씨가 흐리더니 오늘도 그렇다.

❸ 너는 원래 그런 식으로 말하니?

3 다음 한자의 진하게 표시한 획은 몇 번째 쓰는지 〈보기〉에서 찾아 그 번호를 쓰세요.

然

> 보기　① 여섯 번째　② 일곱 번째　③ 여덟 번째

4 다시 한번 써 보세요.

休		
쉴 휴		

然		
그럴 연		

✏ 집으로 가는 길에 만나는 한자의 음을 차례대로 써 보세요.

✏ 다음 색이 있는 부분에 해당하는 한자를 찾아 바르게 연결하세요.

동네 하천이 깨끗해졌어요. •

그렇게 각자의 역할을 다해요. •

길을 몰라 수풀 속을 헤매고 다녔어요. •

• 然

• 川

• 林

✏ 다음 단어들에 공통으로 들어가는 한자를 써 보세요.

휴가   휴일   휴식   휴교   휴전

✏️ 한자를 다시 한번 써 보세요.

天		
하늘 천		

地		
땅 지		

川		
내 천		

林		
수풀 림(임)		

草		
풀 초		

花		
꽃 화		

育		
기를 육		

植		
심을 식		

休		
쉴 휴		

然		
그럴 연		

편할 편 / 똥오줌 변

便 *부수 人

총 9획 ノ イ イ' イ' 仁 佰 佰 便 便

便	便				
편할 편/똥오줌 변	편할 편/똥오줌 변				

새로 산 의자가 ☐ 安해요. (安 : 편안 안)

예전에는 화장실을 ☐ 所 라고 했어요. (所 : 바 소)

종이 지

紙 *부수 糸

총 10획 ' ㄴ ㄠ ㅑ 乡 糸 糸 糽 紅 紙

紙	紙				
종이 지	종이 지				

休 ☐ 는 休 ☐ 桶에 (休 : 쉴 휴 / 桶 : 통 통)

책의 表 ☐ 를 보니 더 갖고 싶어졌어요. (表 : 겉 표)

1 다음 글의 □ 안에 있는 한자의 음(읽는 소리)을 쓰세요.

❶ 학교 앞 **便** 의점에는 학생 손님이 많아요. □

❷ 오만 원짜리 **紙** 폐에는 신사임당이 그려져 있어요. □

❸ 어버이날을 맞아 부모님께 **便** **紙** 를 써요. □ □

2 다음 밑줄 친 말에 해당하는 한자를 〈보기〉에서 찾아 그 번호를 쓰세요.

보기　　　① 紙　　② 使　　③ 便　　④ 氏

❶ 의류 건조기는 집안일을 돕는 편리한 기계입니다. _____

❷ 아무데나 똥오줌을 싸는 우리 강아지에게 훈련이 필요해요. _____

❸ 종이 책을 찾는 사람들이 줄고 있대요. _____

3 다음 한자의 진하게 표시한 획은 몇 번째 쓰는지 〈보기〉에서 찾아 그 번호를 쓰세요.

便

보기　① 일곱 번째　② 여덟 번째　③ 아홉 번째

_____

4 다시 한번 써 보세요.

便		
편할 편/똥오줌 변		

紙		
종이 지		

登 *부수 癶

총 12획　ノ ㄱ ㄳ ㄴ ㅆ ㅆ ㅆ 癶 癶 癶 登 登

登	登				
오를 등	오를 등				

주말이면 [　] 山客들로 북적입니다. (山 : 메/산 산 / 客 : 손님 객)

[　] 校 시간이 가까워오자 학교가 금세 시끌시끌해요. (校 : 학교 교)

旗 *부수 方

총 14획　丶 亠 亍 方 ㅋ 方 ㅊ 扩 旃 旃 旃 旌 旗 旗

旗	旗				
기 기	기 기				

학교 운동장에 萬國 [　] 가 펄럭이고 있어요. (萬 : 일만 만 / 國 : 나라 국)

진행자의 지시에 따라 색깔별 깃발을 드는 靑 [　] 白 [　] 게임

(靑 : 푸를 청 / 白 : 흰 백)

1 다음 글의 □ 안에 있는 한자의 음(읽는 소리)을 쓰세요.

❶ 이번 달부터 줄넘기 교실에 登 록했어요.

❷ 광복절에는 태극 旗 를 달아요.

2 다음 밑줄 친 말에 해당하는 한자를 〈보기〉에서 찾아 그 번호를 쓰세요.

> 보기　　　① 期　　　② 旗　　　③ 發　　　④ 登

❶ 계단을 오를 때는 조심해야 해요.

❷ 저 멀리 바람에 나부끼는 깃발이 보여요.

❸ 단풍이 절정을 이루자 산을 등반하려는 사람들로 붐볐어요.

3 다음 한자의 진하게 표시한 획은 몇 번째 쓰는지 〈보기〉에서 찾아 그 번호를 쓰세요.

登

> 보기　　① 세 번째　　② 네 번째　　③ 다섯 번째

4 다시 한번 써 보세요.

登		
오를 등		

旗		
기 기		

말씀 어

語 *부수 言

총 14획 　丶　亠　亠　言　言　言　言　訂　評　評　評　評　語

語	語				
말씀 어	말씀 어				

분명 國[ ] 책인데 어려운 單[ ] 가 너무 많아요. (國 : 나라 국 / 單 : 홑 단)

外來[ ] 표기법에 따라 '팡파르'는 바른 표현 (外 : 바깥 외 / 來 : 올 래)

물을 문

問 *부수 口

총 11획 　丨　冂　冂　冃　冃　門　門　門　門　問　問

問	問				
물을 문	물을 문				

궁금한 점은 선생님께 質[ ] 하세요. (質 : 바탕 질)

강연이 끝나고 잠시 [ ]答 시간을 가졌어요. (答 : 대답 답)

1 다음 글의 □ 안에 있는 한자의 음(읽는 소리)을 쓰세요.

❶ 물음표는 의심이나 물음을 나타낼 때 쓰는 의 **問** 부호

❷ 이모는 한국 **語** , 중국 **語** , 영 **語** 등 3개 국 **語** 에 능해요.

2 다음 밑줄 친 말에 해당하는 한자를 〈보기〉에서 찾아 그 번호를 쓰세요.

보기 　 ① 話 　 ② 語 　 ③ 問 　 ④ 聞

❶ 동생은 말이 많은 수다쟁이에요.

❷ 어른이 말씀하실 때는 경청해요.

❸ 나를 몰래 도와준 친구를 물어물어 찾아냈어요.

3 다음 한자의 진하게 표시한 획은 몇 번째 쓰는지 〈보기〉에서 찾아 그 번호를 쓰세요.

問

보기 　 ① 다섯 번째 　 ② 여섯 번째 　 ③ 일곱 번째

4 다시 한번 써 보세요.

語		
말씀 어		

問		
물을 문		

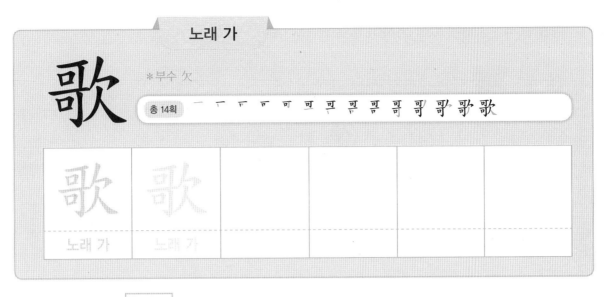

노래 가

歌 *부수 欠

총 14획 一 一 一 万 可 可 哥 哥 哥 哥 哥 哥 歌 歌

歌	歌				
노래 가	노래 가				

주리는 아이돌 ☐ 手가 되는 게 꿈이래요. (手 : 손 수)

삼촌 결혼식에서 祝 ☐ 를 부르게 되었어요. (祝 : 빌 축)

무거울 중

重 *부수 里

총 9획 一 二 千 千 台 台 台 重 重

重	重				
무거울 중	무거울 중				

오늘 선생님께서 ☐ 要한 말씀을 하셨어요. (要 : 요긴할 요)

물건이 위에서 아래로 떨어지는 것은 ☐ 力 때문이에요. (力 : 힘 력)

1 다음 글의 □ 안에 있는 한자의 음(읽는 소리)을 쓰세요.

❶ 애국 **歌** 를 4절까지 부를 수 있어요.

❷ 부모님은 나의 의견을 존 **重** 해 주십니다.

2 다음 밑줄 친 말에 해당하는 한자를 〈보기〉에서 찾아 그 번호를 쓰세요.

> 보기   ① 重   ② 里   ③ 歌   ④ 河

❶ 가방이 너무 무거워 들 수가 없어요.

❷ 애들아, 노래 부르며 놀자.

❸ 우리 가족은 나에게 가장 소중해요.

3 다음 한자의 진하게 표시한 획은 몇 번째 쓰는지 〈보기〉에서 찾아 그 번호를 쓰세요.

重

> 보기   ① 세 번째   ② 일곱 번째   ③ 여덟 번째

4 다시 한번 써 보세요.

歌		
노래 가		

重		
무거울 중		

셈산

算 *부수 竹

총 14획 ノ ト ト ゲ ゲ ゲ ゲ 笃 笡 笡 笡 笡 算 算

算	算				
셈산	셈산				

정호는 우리 학교 暗 ⬜ 왕이에요. (暗 : 어두울 암)

⬜ 數는 더하기, 빼기, 곱하기, 나누기의 초보적인 수학 (數 : 셈 수)

셈 수

數 *부수 攵(攴)

총 15획 ﹨ 冂 冂 吕 吕 吕 吕 咠 婁 婁 婁 婁 婁 數 數

數	數				
셈수	셈수				

형은 ⬜ 學이 정말 어렵대요. (學 : 배울 학)

사람을 따르는 그 고양이를 大多 ⬜ 가 좋아해요. (大 : 큰 대 / 多 : 많을 다)

1 다음 글의 □ 안에 있는 한자의 음(읽는 소리)을 쓰세요.

❶ 이 게임에서 내가 제일 높은 점 **數** 를 얻었어요. □

❷ 계 **算** 기로 쉽게 셈을 할 수 있어요. □

❸ 학원을 안 갈 심 **算** 으로 꾀병을 부렸어요. □

2 다음 밑줄 친 말에 해당하는 한자를 〈보기〉에서 찾아 그 번호를 쓰세요.

> 보기   ① 數   ② 韓   ③ 算   ④ 學

❶ <u>셈</u>이 정확해야 실수를 줄일 수 있어요. ＿＿＿

❷ 동생에게 <u>수</u> 세는 방법을 가르쳤어요. ＿＿＿

❸ <u>셀</u> 수 없이 많은 개미떼가 줄을 지어 가요. ＿＿＿

3 다음 한자의 진하게 표시한 획은 몇 번째 쓰는지 〈보기〉에서 찾아 그 번호를 쓰세요.

算

> 보기   ① 열한 번째   ② 열두 번째   ③ 열세 번째

＿＿＿

4 다시 한번 써 보세요.

算		
셈 산		

數		
셈 수		

🖉 그림과 관계있는 한자를 연결해 보세요.

歌　　重　　算　　登　　便

🖉 다음 색이 있는 말에 해당하는 한자를 보기에서 찾아 써 보세요.

보기　　　問　　語　　旗　　紙

토끼는 결승 깃발이 보이자 마음을 놓았어요.　·····　☐

갑작스런 물음에 뭐라 답해야 할지 모르겠어요.　·····　☐

종이로 만든 집은 바람에 금방 무너졌어요.　·····　☐

관장님 말씀대로 꾸준히 연습했더니 발차기가 늘었어요.　·····　☐

✏️ 한자를 다시 한번 써 보세요.

便		
편할 편/똥오줌 변		

紙		
종이 지		

登		
오를 등		

旗		
기 기		

語		
말씀 어		

問		
물을 문		

歌		
노래 가		

重		
무거울 중		

算		
셈 산		

數		
셈 수		

✏️ 모양이 비슷한 한자들을 구분하여 읽고 따라 써 보세요.

工	工		母	母	
장인 공	장인 공		어머니 모	어머니 모	

江	江		每	每	
강 강	강 강		매양 매	매양 매	

空	空		海	海	
빌 공	빌 공		바다 해	바다 해	

門	門		白	白	
문 문	문 문		흰 백	흰 백	

問	問		百	百	
물을 문	물을 문		일백 백	일백 백	

間	間		自	自	
사이 간	사이 간		스스로 자	스스로 자	

王	王		人	人	
임금 왕	임금 왕		사람 인	사람 인	

主	主		入	入	
주인/임금 주	주인/임금 주		들 입	들 입	

住	住		八	八	
살 주	살 주		여덟 팔	여덟 팔	

車	車			同	同		
수레 거/차	수레 거/차			한가지 동	한가지 동		
軍	軍			洞	洞		
군사 군	군사 군			골 동/밝을 통	골 동/밝을 통		
老	老			小	小		
늙을 로(노)	늙을 로(노)			작을 소	작을 소		
孝	孝			少	少		
효도 효	효도 효			적을 소	적을 소		
邑	邑			全	全		
고을 읍	고을 읍			온전 전	온전 전		
色	色			金	金		
빛 색	빛 색			쇠 금/성씨 김	쇠 금/성씨 김		
重	重			直	直		
무거울 중	무거울 중			곧을 직	곧을 직		
動	動			植	植		
움직일 동	움직일 동			심을 식	심을 식		
天	天			寸	寸		
하늘 천	하늘 천			마디 촌	마디 촌		
夫	夫			村	村		
지아비 부	지아비 부			마을 촌	마을 촌		

車 수레 거/차	人力車 인력거 下車 하차	金 쇠 금 / 성씨 김	年金 연금 金氏 김씨
不 아닐 불/부	不安 불안 不正 부정	便 편할 편 / 똥오줌 변	不便 불편 便所 변소

※ '不'이 'ㄷ, ㅈ' 앞에 올 때 '부'로 읽어요.

 두음법칙 적용 한자

🖉 두음법칙(단어의 첫머리에서 다른 소리로 발음되는 일)의 적용을 받는 한자들입니다.

女 여자 녀(여)	父女 부녀 女子 여자	年 해 년(연)	每年 매년 年間 연간
來 올 래(내)	未來 미래 來日 내일	力 힘 력(역)	國力 국력 力道 역도
老 늙을 로(노)	年老 연로 老人 노인	里 마을 리(이)	洞里 동리 里長 이장
林 수풀 림(임)	山林 산림 林野 임야	立 설 립(입)	自立 자립 立地 입지

✏️ 비슷한 뜻을 가진 한자들을 읽고 따라 써 보세요.

家		室		洞		里	
집 가		집 실		골 동		마을 리	

同		一		方		道	
한가지 동		한 일		모 방		길 도	

算		數		生		出	
셈 산		셈 수		날 생		날 출	

安		全		正		直	
편안 안		온전 전		바를 정		곧을 직	

村		里		土		地	
마을 촌		마을 리		흙 토		땅 지	

便		安		平		安	
편할 편		편안 안		평평할 평		편안 안	

반대의 뜻을 가진 한자들을 읽고 따라 써 보세요.

南	北	大	小
남녘 남	북녘 북	큰 대	작을 소

女	男	東	西
여자 녀(여)	사내 남	동녘 동	서녘 서

老	少	母	父
늙을 로(노)	적을 소	어머니 모	아버지 부

問	答	民	王
물을 문	대답 답	백성 민	임금 왕

山	江	山	川
메/산 산	강 강	메/산 산	내 천

上	下	先	後
윗 상	아래 하	먼저 선	뒤 후

水		火		手		足	
물 수		불 화		손 수		발 족	

外		內		日		月	
바깥 외		안 내		날 일		달 월	

入		出		前		後	
들 입		날 출		앞 전		뒤 후	

弟		兄		左		右	
아우 제		형 형		왼 좌		오른 우	

天		地		春		秋	
하늘 천		땅 지		봄 춘		가을 추	

夏		冬		學		敎	
여름 하		겨울 동		배울 학		가르칠 교	

✏️ 7급 한자로 이루어진 사자성어예요. 한자의 뜻을 생각하며 읽어보아요.

南 남녘 남	男 사내 남	北 북녘 북	女 여자 녀	우리나라에서, 남자는 남쪽 지방 사람이 잘나고, 여자는 북쪽 지방 사람이 아름답다고 전해 내려오는 말
男 사내 남	女 여자 녀	老 늙을 노	少 적을 소	남자와 여자, 늙은이와 젊은이란 뜻으로, 모든 사람을 이르는 말
男 사내 남	中 가운데 중	一 한 일	色 빛 색	남자의 얼굴이 썩 뛰어나게 잘생김
道 길 도	學 배울 학	先 먼저 선	生 날 생	도덕의 이론만 캐고 현실사회의 일에 어두운 사람을 조롱하는 말
東 동녘 동	問 물을 문	西 서녘 서	答 대답 답	물음과는 전혀 상관없는 엉뚱한 대답
東 동녘 동	西 서녘 서	南 남녘 남	北 북녘 북	모든 방향을 이르는 말
同 한가지 동	姓 성 성	同 한가지 동	名 이름 명	같은 성에 이름도 같음
同 한가지 동	心 마음 심	同 한가지 동	力 힘 력	마음과 힘을 같이 함
萬 일만 만	里 마을 리	長 긴 장	天 하늘 천	아득히 높고 먼 하늘
面 낯 면	面 낯 면	村 마을 촌	村 마을 촌	한군데도 빠짐없이 모든 곳. 방방곡곡

名 이름 명	山 메/산 산	大 큰 대	川 내 천	이름난 산과 큰 내
百 일백 백	萬 일만 만	大 큰 대	軍 군사 군	아주 많은 병사로 조직된 군대를 이르는 말
百 일백 백	人 사람 인	百 일백 백	色 빛 색	사람들은 저마다 다른 특색이 있음
父 아버지 부	母 어머니 모	兄 형 형	弟 아우 제	아버지, 어머니, 형, 아우라는 뜻으로, 가족을 이르는 말
父 아버지 부	父 아버지 부	子 아들 자	子 아들 자	아버지는 아버지 노릇을 하고, 아들은 아들 노릇을 함
不 아닐 부	正 바를 정	名 이름 명	色 빛 색	옳지 않은 방법으로 얻어서 깨끗하지 못한 재물
不 아닐 불	老 늙을 로	長 긴 장	生 날 생	늙지 않고 오래 삶
不 아닐 불	立 설 립	文 글월 문	字 글자 자	불도의 깨달음은 마음에서 마음으로 전하는 것이므로 말이나 글에 의지하지 않는다는 말
四 넉 사	方 모녁 방	八 여덟 팔	方 모 방	여기저기 모든 방향이나 방면
四 넉 사	海 바다 해	兄 형 형	弟 아우 제	사방이 형제라고 풀이되며 마음과 뜻을 같이 하면 누구나 형제처럼 지낼 수 있다는 말

山 메/산 산	川 내 천	草 풀 초	木 나무 목	산과 내천과 풀과 나무. 즉 자연을 이르는 말
三 석 삼	間 사이 간	草 풀 초	家 집 가	세 칸짜리 초가집이라는 뜻으로 작고 보잘 것 없는 집
三 석 삼	三 석 삼	五 다섯 오	五 다섯 오	서넛 또는 대여섯 사람이 떼를 지어 다니거나 무슨 일을 함
三 석 삼	日 날 일	天 하늘 천	下 아래 하	삼 일 동안 천하를 차지한다는 뜻으로 아주 짧은 기간 동안 정권을 잡았다가 쫓겨났을 때를 비유하는 말
上 윗 상	下 아래 하	左 왼 좌	右 오른 우	위, 아래, 왼쪽, 오른쪽을 아울러 이르는 말로 모든 방향을 가르킴
世 인간 세	上 윗 상	萬 일만 만	事 일 사	세상에서 일어나는 모든 일
十 열 십	人 사람 인	十 열 십	色 빛 색	열 사람이면 열 사람의 성격이나 사람됨이 제각기 다름
十 열 십	中 가운데 중	八 여덟 팔	九 아홉 구	열에 여덟이나 아홉. 거의 대부분을 뜻함
安 편안 안	心 마음 심	立 설 입	命 목숨 명	천명을 깨닫고 생사, 이해를 초월하여 마음의 평안을 얻음. 하찮은 일에 흔들리지 않는 경지를 말해요.
月 달 월	下 아래 하	老 늙을 노	人 사람 인	혼인을 중매하는 사람을 이르는 말. 부부의 인연을 맺어 준다는 전설상의 늙은이

二 두 이	人 사람 인	同 한가지 동	心 마음 심	두 사람의 마음이 하나가 됨. 절친한 친구 사이를 말해요.
二 두 이	八 여덟 팔	靑 푸를 청	春 봄 춘	16세 무렵의 꽃다운 청춘을 일컫는 말
人 사람 인	山 메/산 산	人 사람 인	海 바다 해	사람으로 산과 바다를 이룰 만큼 사람이 많이 모인 상태를 이르는 말
一 한 일	問 물을 문	一 한 일	答 대답 답	한 번 물음에 대하여 한 번 대답함
一 한 일	日 날 일	三 석 삼	秋 가을 추	하루가 세 번의 가을(삼 년) 같다는 뜻으로, 몹시 애태우며 기다림을 이르는 말
一 한 일	日 날 일	千 일천 천	里 마을 리	하루에 천리를 달린다는 뜻으로 말이 매우 빨리 달리는 것을 이르는 말
一 한 일	字 글자 자	千 일천 천	金 쇠 금	아주 빼어난 글이나 시문
自 스스로 자	問 물을 문	自 스스로 자	答 대답 답	스스로 묻고 스스로 대답함
自 스스로 자	生 날 생	植 심을 식	物 물건 물	산이나 들, 강이나 바다에서 저절로 나는 식물
長 긴 장	長 긴 장	夏 여름 하	日 날 일	기나긴 여름 날

全 온전 전	心 마음 심	全 온전 전	力 힘 력	온 마음과 온 힘
地 땅 지	上 윗 상	天 하늘 천	國 나라 국	이 세상에서 이룩되는 다시 없이 자유롭고 풍족하며 행복한 사회
足 발 족	不 아닐 부	足 발 족	間 사이 간	넉넉하여 모자람이 없든지 모자라든지 간에
千 일천 천	里 마을 리	萬 일만 만	里 마을 리	멀기가 천리나 만리쯤 된다는 뜻으로 아주 먼 거리를 이르는 말
天 하늘 천	下 아래 하	一 한 일	色 빛 색	세상에 드문 뛰어난 미인 = 천하절색(天下絶色)
青 푸를 청	天 하늘 천	白 흰 백	日 날 일	하늘이 맑게 갠 대낮처럼 깨끗하고 확실하게 알 수 있는 상황
草 풀 초	食 밥/먹을 식	動 움직일 동	物 물건 물	풀을 주로 먹고 사는 동물
春 봄 춘	夏 여름 하	秋 가을 추	冬 겨울 동	봄·여름·가을·겨울의 네 계절
春 봄 춘	花 꽃 화	秋 가을 추	月 달 월	봄에는 꽃이고, 가을에는 달. 대자연의 아름다움을 비유 해 이르는 말
八 여덟 팔	道 길 도	江 강 강	山 메/산 산	팔도의 강산이라는 뜻으로, 우리나라 전체의 강산을 이르는 말

P 10

1 ❶심 ❷유 ❸심

2 ❶③ ❷① ❸③

3 ③

P 12

1 ❶구 ❷면 ❸면

2 ❶① ❷① ❸③

3 ②

P 14

1 ❶자 ❷문

2 ❶② ❷② ❸③

3 ③

P 16

1 ❶석 ❷색 ❸색

2 ❶④ ❷① ❸①

3 ①

P 18

1 ❶주 ❷래 ❸내

2 ❶③ ❷③ ❸②

3 ①

P 19

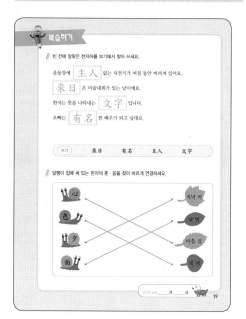

P 22

1 ❶출 ❷입 ❸출

2 ❶③ ❷②

3 ②

P 24

1 ❶소 ❷동

2 ❶④ ❷④ ❸②

3 ③

P 26

1 ❶ 백 ❷ 천

2 ❶ ② ❷ ②, ③ ❸ ③

3 ③

P 28

1 ❶ 하 ❷ 춘, 하

2 ❶ ④ ❷ ① ❸ ①

3 ③

P 30

1 ❶ 동 ❷ 동 ❸ 추

2 ❶ ④ ❷ ③ ❸ ④

3 ①

P 31

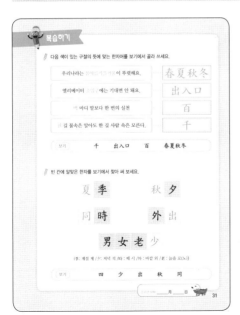

P 34

1 ❶ 주 ❷ 소

2 ❶ ② ❷ ③ ❸ ③

3 ②

P 36

1 ❶ 동 ❷ 리 ❸ 리

2 ❶ ③ ❷ ④ ❸ ④

3 ②

P 38

1 ❶ 촌 ❷ 읍 ❸ 촌

2 ❶ ① ❷ ③ ❸ ③

3 ③

P 40

1 ❶ 부 ❷ 조

2 ❶ ③ ❷ ① ❸ ①

3 ③

P 42

1 ❶ 명 ❷ 명 ❸ 노

2 ❶ ① ❷ ③ ❸ ①

3 ③

P 43

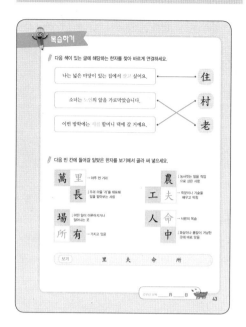

P 46

1 ❶ 지, 지 ❷ 천

2 ❶ ① ❷ ① ❸ ③

3 ②

P 48

1 ❶ 천 ❷ 림

2 ❶ ① ❷ ④ ❸ ④

3 ②

P 50

1 ❶ 초 ❷ 화

2 ❶ ② ❷ ③ ❸ ③

3 ②

P 52

1 ❶ 식 ❷ 육

2 ❶ ① ❷ ① ❸ ④

3 ③

P 54

1 ❶ 휴 ❷ 연 ❸ 휴

2 ❶ ④ ❷ ① ❸ ①

3 ③

P 55

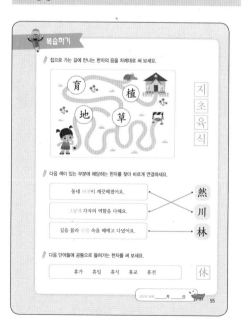

P 58

1 ❶ 편 ❷ 지 ❸ 편, 지

2 ❶ ③ ❷ ③ ❸ ①

3 ②

P 60

1 ❶ 등 ❷ 기

2 ❶ ④ ❷ ② ❸ ④

3 ③

P 62

1 ❶ 문 ❷ 어, 어, 어, 어

2 ❶ ② ❷ ② ❸ ③

3 ③

P 64

1 ❶ 가 ❷ 중

2 ❶ ① ❷ ③ ❸ ①

3 ③

P 66

1 ❶ 수 ❷ 산 ❸ 산

2 ❶ ③ ❷ ① ❸ ③

3 ②

P 67

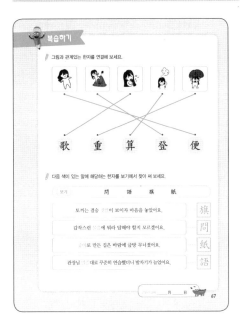

各	角	界	計	高	公	共	功	果	科
각각 각	뿔 각	경계 계	셀 계	높을 고	공평할 공	함께 공	공 공	실과 과	과목 과
光	球	今	急	短	堂	代	對	圖	讀
빛 광	공 구	이제 금	급할 급	짧을 단	집 당	대신 대	대할 대	그림 도	읽을 독
童	等	樂	利	理	明	聞	半	反	班
아이 동	무리 등	즐길 락(낙)	이로울 리(이)	다스릴 리(이)	밝을 명	들을 문	반 반	돌이킬 반	나눌 반
發	放	部	分	社	書	線	雪	成	省
필 발	놓을 방	떼 부	나눌 분	모일 사	글 서	줄 선	눈 설	이룰 성	살필 성
消	術	始	信	新	神	身	弱	藥	業
사라질 소	재주 술	비로소 시	믿을 신	새 신	귀신 신	몸 신	약할 약	약 약	업 업
勇	用	運	音	飮	意	作	昨	才	戰
날랠 용	쓸 용	옮길 운	소리 음	마실 음	뜻 의	지을 작	어제 작	재주 재	싸움 전
庭	第	題	注	集	窓	淸	體	表	風
뜰 정	차례 제	제목 제	부을 주	모을 집	창 창	맑을 청	몸 체	겉 표	바람 풍
幸	現	形	和	會					
다행 행	나타날 현	모양 형	화할 화	모일 회					

※ 6급 II 배정한자는 총 225자입니다(7급 배정단어 150자 + 6급 II 신습한자 75자)
※ 6급 II 쓰기 배정한자 50자 = 8급 50자(쓰기 배정한자는 한두 급수 아래의 읽기 배정한자이거나 그 범위 내에 있음)